Inhaltsverzeichnis

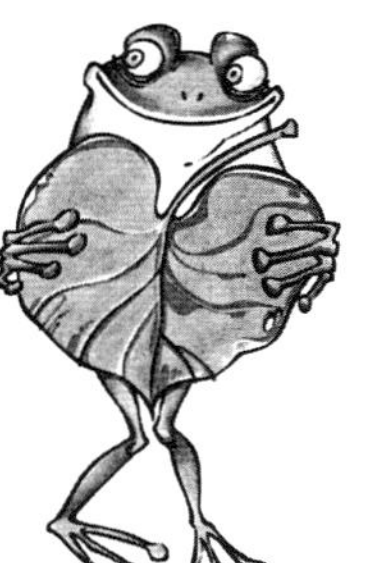

Vorwort (1)

Liebe Lehrkräfte,
das Vorlesetheater ist im englischen *reading theater* eine beliebte Methode, um die Dekodierung von Wörtern zu verbessern, das ausdrucksstarke Lesen zu fördern und die Lesegeschwindigkeit zu verbessern. Die Kinder müssen einen Text nicht auswendig lernen, sie wiederholen ihn sehr häufig und steigern dadurch ihre Textdekodierung. Dabei lesen sie die Texte der anderen Kinder mit und trainieren so auch diese. Gleichzeitig gehen sie spielerisch und kreativ mit dem Text um, indem sie den richtigen Ausdruck für ihre Rolle suchen. Auch das gegenseitige Verbessern und Helfen lässt das Lesetraining weniger wie eine schulische Übung, als vielmehr wie ein gemeinsames Projekt erscheinen.
Der Prozess, den Text zu erschließen und vorzutragen, dauert deutlich länger als andere Methoden des Lesetrainings. Doch das ist es wert, denn die Kinder versetzen sich in ihre Sprechrolle und überlegen auch ihre Wirkung beim Zuhörer. Ihr Textverständnis ist dadurch viel tiefer. Gleichzeitig werden der soziale Zusammenhalt und die Interaktion in der Klasse gestärkt und auch das Präsentieren vor der Gruppe wird geübt.
Das Vorlesetheater hat somit viele Vorteile für ihre Schüler*innen.
Ich wünsche Ihnen viel Spaß beim Ausprobieren!

Über die Texte in diesem Band
In diesem Band finden Sie zwei Vorlesetheater. Beide Texte sind in kurze Teile gegliedert, die mit wenigen Kindern gelesen werden können. So können die Kinder gemeinsam ein ganzes Vorlesetheaterstück erlesen, arbeiten jedoch in den Kleingruppen nur an einem kurzen Teilstück, das sie nicht überfordert. Zu jedem Teilstück haben wir aufgeführt, wie viele Sprechrollen (Reihenfolge nach Auftritt im Stück) enthalten sind, sodass sie Ihre Klasse entsprechend einteilen können. Die Sprechrollen sind unterschiedlich anspruchsvoll, damit sie sowohl starke als auch schwache Leser*innen in eine Gruppe einteilen können.

Ritter Espenlaub

Teil 1: Erzähler – Bert – Schmied – Kunibert
Teil 2: Erzähler – Bert – Koch – Kunibert
Teil 3: Erzähler – Kunibert
Teil 4: Erzähler – Kunibert – Bert
Teil 5: Kunibert – Erzähler – Bert

Die Badehose

Teil 1: Erzähler – Frosch Hubert
Teil 2: Erzähler – Karpfin, – Frosch Hubert
Teil 3: Erzähler – Karpfin – Frosch Hubert
Teil 4: Erzähler – Ente – Frosch Hubert
Teil 5: Erzähler – Maus – Frosch Hubert
Teil 6: Frosch Hubert – Vater – Mutter – Junge – Mädchen
Teil 7: Mädchen – Vater – Erzähler – Frosch Hubert – Ente

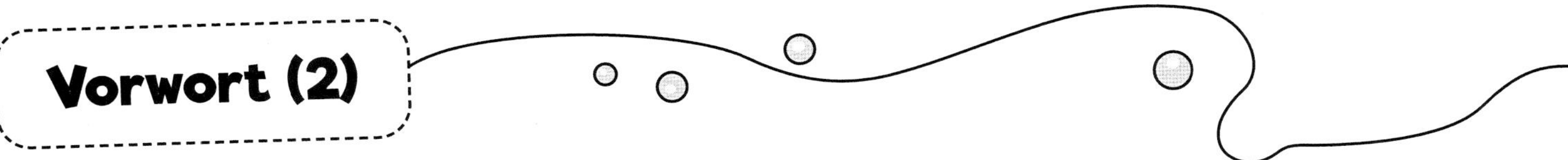

Erstes Erarbeiten des Textes
Lesen Sie den Text erst einmal mit allen Kindern gemeinsam. Dies kann zum Beispiel durch chorisches Lesen geschehen. Besprechen Sie hierbei auch schon, wie sich die Figuren fühlen. Sammeln Sie die Eindrücke der Kinder an der Tafel und überlegen sie gemeinsam, was hinter einer Aussage oder einem Satz stecken könnte.
Dann werden die Gruppen aufgeteilt und die Kinder streichen sich ihre Leserolle im Text an. Schließlich üben sie ihre Texte alleine, im Tandem oder in der Gruppe. Dabei sollen sie sowohl den Lesefluss trainieren als auch sich Gedanken über die Intonation machen. Was fühlt die Figur, die sie lesen, und mit welcher Stimme kann dies ausgedrückt werden? Der Textinhalt soll für die Zuhörer*innen / Zuschauer*innen alleine durch die Stimme sichtbar werden.
Während die Kinder das Lesen des Textes üben, können verschiedene Übungen angewendet werden. Beispielsweise können die Kinder dabei auf dem Schulhof herumlaufen oder sie lesen den Text auf einer Treppe und steigen bei jeder Wiederholung eine Stufe höher. Die Texte können aber auch an verschiedenen Plätzen auf dem Schulhof oder im Schulgebäude geübt werden.

Feedback
Haben die Kinder ihre Texte ausreichend geübt, kommen sie in der Kleingruppe zusammen. Der Text wird gemeinsam gelesen. Dabei achten alle darauf, ob die jeweilige Rolle gut dargestellt wird. Die Kinder können auf den Lesefluss achten und darauf, ob die Gefühle der Figur von der Stimme gut gespiegelt werden. Sie geben sich gegenseitig Tipps und loben einander!

Präsentation in der Klasse
Schlussendlich werden die Texte in der Klasse vorgestellt. Lassen Sie die Textdarsteller in der richtigen Reihenfolge „auftreten“, ergibt sich ein gemeinsamer ganzer Text und ein Lese-Theaterstück, das den Kindern sicher Freude bereitet.

Tipp: Weitere Infos zu dieser und anderen Lautlese-Methoden finden Sie unter:
www.biss-sprachbildung.de/biss-lesefoerderung-hamburg/

Anmerkung: Liebe Lehrkraft, wir möchten in unseren Materialien niemanden benachteiligen oder diskriminieren. Daher nutzen wir unter anderem das Gendersternchen, um alle Geschlechter anzusprechen. In Texten für Schüler*innen verzichten wir jedoch aus Gründen der besseren Lesbarkeit darauf und nutzen weiterhin entweder die „neutrale“ Form oder Doppelformen. Selbstverständlich sind stets alle Geschlechter gemeint.

Ritter Espenlaub

Teil 1

Erzähler:
Bert war der einzige Sohn von Ritter Kunibert.
Der einzige Sohn eines Ritters wird auch Ritter.
Das steht fest, da ist nichts zu machen.
Das Dumme war nur:
Bert wollte überhaupt nicht Ritter werden!
Er bat und bettelte,
denn er wollte unbedingt
einen anderen Beruf erlernen.
Deshalb ging er ganz mutig
zu seinem Vater und sagte:

Bert:
Papa, lass mich doch bitte,
bitte Schmied werden!
Nicht nur die Ritter
sind auf einer Burg wichtig.
Die Schmiede sind es auch.
Wer sollte sonst alle unsere Waffen
und Werkzeuge herstellen?

Erzähler:
Da nahm Kunibert seinen Sohn
mit in die Schmiede.
In der Schmiede war es rußig und rauchig.
Der Schmiedegeselle ließ den Blasebalg fauchen,
damit das Feuer richtig heiß wurde.
Der große Hammer des Schmiedes
knallte auf das heiße Eisen auf dem Amboss,
sodass die Funken nach allen Seiten flogen!

Schmied:
Ich wünsche den Herren einen guten Morgen.
Womit kann ich dienen?

Teil 1

Kunibert:
Stellt euch vor,
mein Sohn hat sich in den Kopf gesetzt,
Schmied zu werden!
Ist das nicht komisch?
Ein Ritter,
der als Schmied arbeiten will!

Schmied:
Ich weiß nicht, Herr …

Kunibert:
Dann soll er uns mal zeigen,
ob er hier in der Schmiede
arbeiten kann.
Schmied, wo ist
dein größter und schwerster Hammer?

Schmied:
Herr, ich weiß ja nicht,
ob so ein Riesending
für euren Sohn …

Kunibert:
Papperlapapp!
Benutzt du den großen Hammer?

Schmied:
Natürlich, Herr.

Kunibert:
Dann muss jeder Schmied das können,
auch Bert, wenn er Schmied werden will.
Also her mit dem Ding!

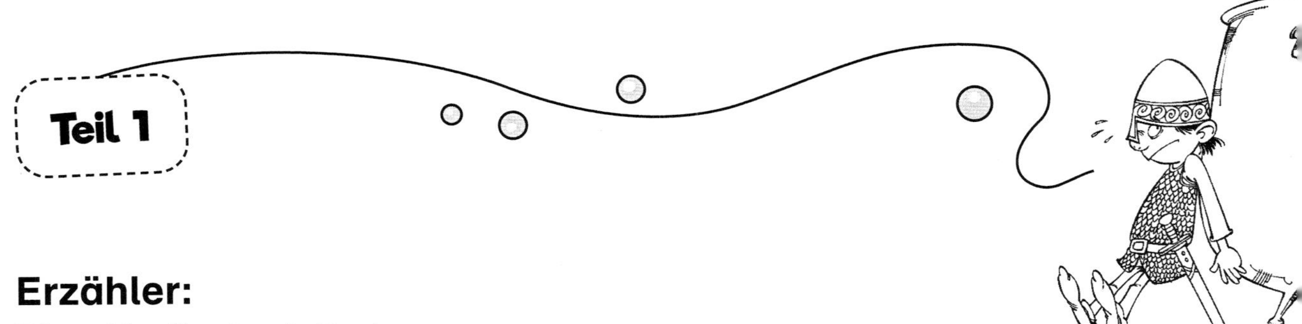

Erzähler:

Ritter Kunibert gab Bert
einen so schweren Hammer,
dass Bert ihn nicht heben konnte.
So konnte Bert
nicht einmal ausprobieren,
wie es war,
einen kleinen Nagel zu schmieden.
Ritter Kunibert schnaubte verächtlich
und marschierte einfach aus der Schmiede.
Über die Schulter sagte er:

Kunibert:

Da hast du es!
Du kannst kein Schmied werden.
Du wirst Ritter.
Basta!
Wer nicht einmal
einen Hammer hochheben kann,
sollte sich solche Flausen
aus dem Kopf schlagen.

Teil 2

Erzähler:
Bert war enttäuscht.
Es dauerte ein paar Tage,
bis er sich traute,
noch einmal
mit seinem Vater zu sprechen.
Aber dann nahm er
all seinen Mut zusammen und fragte:

Bert:
Papa, lass mich doch bitte,
bitte Koch werden!
Nicht nur die Ritter
sind auf einer Burg wichtig.
Die Köche sind es auch.
Wer sonst sollte
alle unsere Leute versorgen?

Erzähler:
Da nahm Kunibert
seinen Sohn mit in die Küche.
Hier war es auch rußig und rauchig.
Das Feuer flackerte heiß und hell.
In der Küche arbeiteten viel mehr Leute
als in der Schmiede.
Überall klapperten Töpfe
und Pfannen und Besteck.
Der Koch stand
an einem riesigen Kessel
und probierte schlürfend die Suppe.

Koch:
Ich wünsche einen guten Tag.
Womit kann ich dienen?

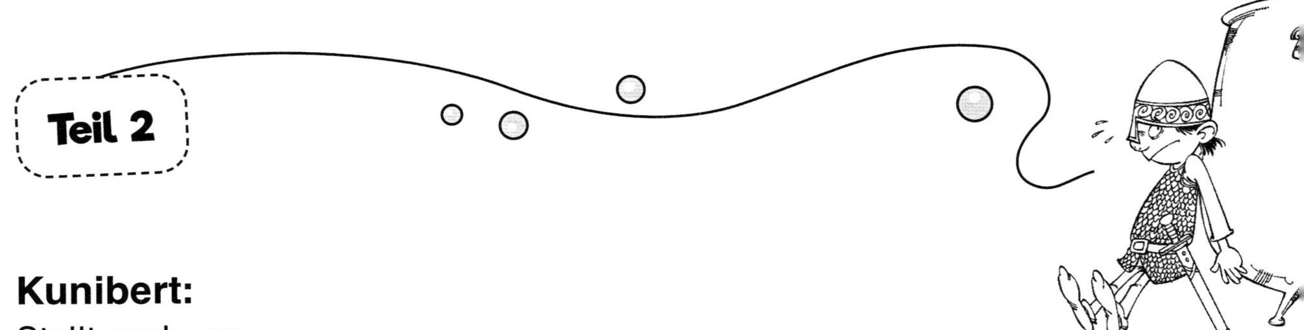

Kunibert:
Stellt euch vor,
mein Sohn möchte unbedingt Koch werden!
Ist das nicht komisch?
Ein Ritter,
der als Koch arbeiten will!

Koch:
Ich weiß nicht, Herr …

Kunibert:
Dann soll er uns mal zeigen,
ob er hier in der Küche
arbeiten kann!
Koch, wo ist dein größter und tiefster Topf?

Koch:
Herr, ich weiß ja nicht,
ob so ein Riesending für euren Sohn …

Kunibert:
Papperlapapp!
Benutzt du den großen Topf?

Koch:
Natürlich, Herr.

Kunibert:
Dann muss jeder Koch das können,
auch Bert,
wenn er Koch werden will.
Also her mit dem Ding!

Teil 2

Erzähler:
Ritter Kunibert gab Bert
einen riesigen Topf,
in dem man fünf ganze Kohlköpfe
hätte kochen können!
Bert konnte nicht einmal
über den Rand
in den Topf hineingucken.
So konnte Bert auch nicht versuchen,
ein Ei zu kochen.

Kunibert:
Da hast du es!
Du kannst kein Koch werden.
Wer nicht einmal über den Rand
seiner Töpfe schauen kann,
sollte sich solche Flausen
aus dem Kopf schlagen.
Du wirst Ritter.
Basta!

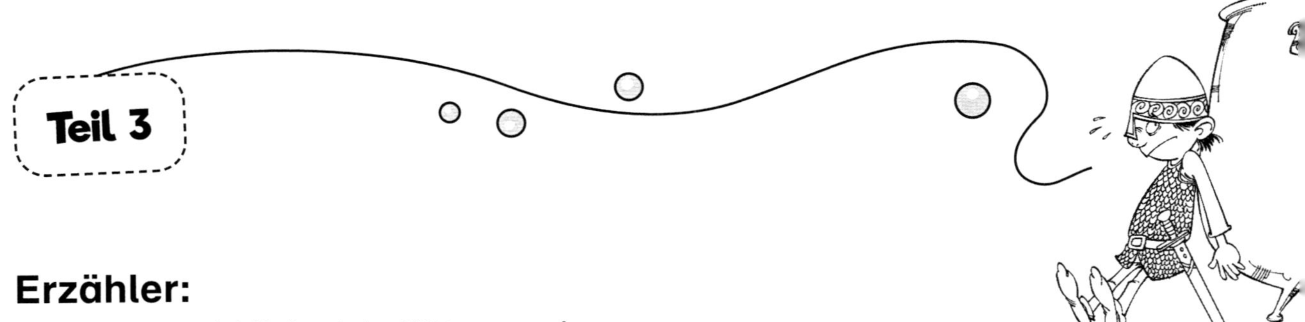

Teil 3

Erzähler:
Bert wollte wirklich nicht Ritter werden.
Er versuchte sogar,
sich mit Humpeln und mit Windpocken
davor zu drücken.
Aber Kunibert blieb hart.

Kunibert:
Du wirst Ritter!
Und sobald du gesund bist,
bekommst du deine eigene Rüstung
und lernst kämpfen!

Erzähler:
Bert musste also mit den anderen Knappen
in der Burg das Kämpfen üben:
mit dem Schwert,
mit der Lanze,
mit der Streitaxt
und mit dem Morgenstern.
Bald hatte Bert überall Beulen.
Die Beulen taten weh –
und Bert weinte.
Kunibert hatte kein Verständnis dafür.

Kunibert:
Was ist denn jetzt los?
Bert, heulst du etwa?

Erzähler:
Anstatt Bert zu trösten,
schimpfte und tobte der große Ritter.

Teil 3

Kunibert:
Mein Sohn ist ein Weichei,
eine Heulsuse!
Bei der Tränenflut rostet ja gleich
die ganze Rüstung.
Es ist nicht zu fassen!

Erzähler:
Es dauerte eine Weile,
bis Kunibert nicht mehr brüllte.
Schließlich sagte er
zu dem unglücklichen Bert:

Kunibert:
Nur deinetwegen muss ich jetzt
meine geliebte Burg verlassen!
Meine Burg,
die so gepflegt und sauber ist!
Meine Burg,
in der in keinem Winkel
auch nur eine Spinnwebe hängt,
obwohl wir im finsteren Mittelalter leben!
Wir reisen sofort zu deinem Onkel Hubert!
Der ist Raubritter von Beruf.
Dort bleibst du sieben Jahre!

Bert:
Nicht zu Onkel Hubert!
Dem wachsen mehr Haare
aus den Ohren,
als andere Leute auf dem Kopf haben.
Papa, lass mich bitte etwas anderes werden.

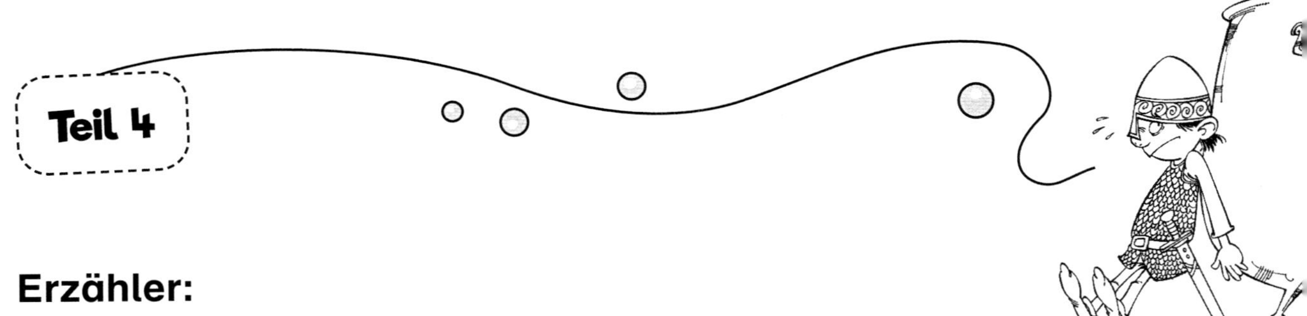

Erzähler:
Aber ehe Bert wusste,
wie ihm geschah,
saß er auf einem Pferd
und war unterwegs
in Richtung der Burg von Onkel Hubert,
dem Raubritter.

Bert:
Ich mag Onkel Hubert nicht.
Er brüllt immer so schrecklich.

Kunibert:
Das ist eine Berufskrankheit.
Alle Raubritter brüllen ihre Opfer an,
um sie einzuschüchtern.

Erzähler:
Der Weg zu Huberts Raubritterburg
war weit.
Man brauchte länger als einen Tag,
um dorthin zu reiten.
Und so kam es,
dass Kunibert und sein Sohn
am Abend ihr Lager
in einem finsteren Wald aufschlagen mussten.
Dort zündete Kunibert ein Feuer an.

Kunibert:
Das ist aber ein wilder Wald.
Weit und breit wohnen keine Menschen.
Dafür hört man den Wind
in den Zweigen rauschen.

Teil 4

Erzähler:
Vater und Sohn aßen
schweigend von den Vorräten,
die sie aus der Burgküche mitgenommen hatten.
Plötzlich raschelte es im Dunkeln.

Kunibert:
Was war das?

Bert:
Nur Mäuse.
Bestimmt waren das Mäuse im Gras.

Erzähler:
Bert spielte nämlich immer
mit den Kindern des Jägers
im Wald nahe der Burg seines Vaters.
Deshalb kannte er sich
im Wald gut aus.
Dann knackte ein Ast.
Wieder fuhr Kunibert zusammen.

Bert:
Beruhige dich, Papa.
Ein Reh,
das war nur ein Reh auf dem Weg
zur nächsten Wiese.

Erzähler:
Bald darauf ertönte ein wildes Heulen,
das die Pferde unruhig machte.
Jetzt sprang Kunibert auf die Füße!

Kunibert:
Und was war das?

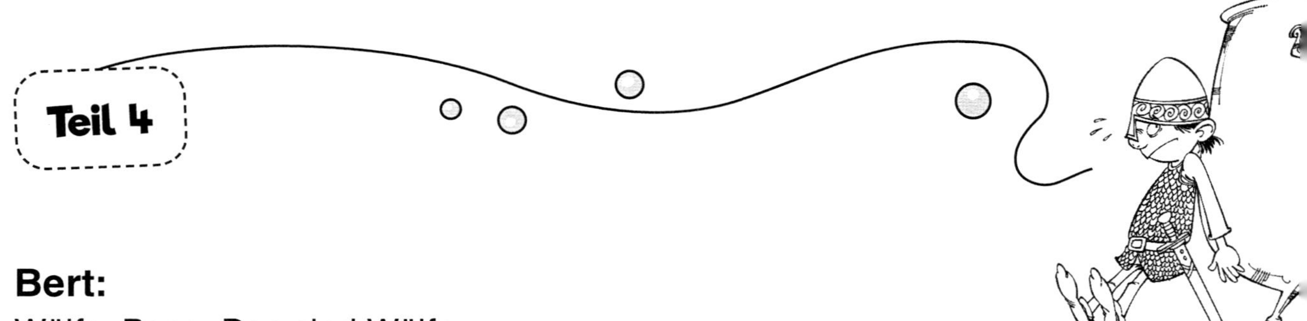

Teil 4

Bert:
Wölfe, Papa. Das sind Wölfe.
Wenn wir das Feuer schön in Gang halten,
kommen die auf keinen Fall näher.

Erzähler:
Kunibert begann,
wie wild mit seinem Schwert
Holz zu hacken.
Er warf das Holz ins Feuer,
bis die Flammen hoch loderten.

Kunibert:
Hoffentlich haben wir genügend Holz!

Erzähler:
Durch die Hitze wurde im Gras
nahe bei der Feuerstelle
eine Spinne aufgescheucht.
Es war keine große Spinne.
Sie lief vor dem heißen Feuer weg,
so schnell sie nur konnte,
geradewegs auf Ritter Kunibert zu.
Der große und wilde Ritter Kunibert
sprang doch tatsächlich auf,
wie von einer Biene gestochen!

Bert:
Aber Papa,
das ist doch nur
eine harmlose Spinne!

Erzähler:
Aber Kunibert schlenkerte
mit Armen und Beinen,
bis seine Rüstung schepperte.

Teil 5

Kunibert:
Hilfe! Hilfe! Eine Spinne!

Erzähler:
Die Spinne verschwand blitzschnell im Gras.
Aber Kunibert stand immer noch da
und zitterte wie Espenlaub.
Nachdem er sich beruhigt hatte,
meinte er düster:

Kunibert:
Jetzt kennst du mein Geheimnis.
Ich habe Angst vor Spinnen. Und wie!
Alle Tiere sind mir irgendwie unheimlich,
aber bei Spinnen ist es am schlimmsten!

Bert:
Aber Papa, du bist doch
ein großer und starker Ritter!

Kunibert:
Ach Bert, es nützt gar nichts,
dass ich ein mutiger Kämpfer bin,
wenn es Mann gegen Mann geht.
Ich habe solche Angst vor Spinnen,
dass die anderen Ritter mir
den Spitznamen
Ritter Espenlaub gegeben haben.
Ich zittere immer so sehr,
dass mein Kettenhemd klirrt,
wenn ich eine Spinne sehe.

Erzähler:
Ritter Kunibert blickte seinen Sohn ganz unsicher an.
Dann meinte er:

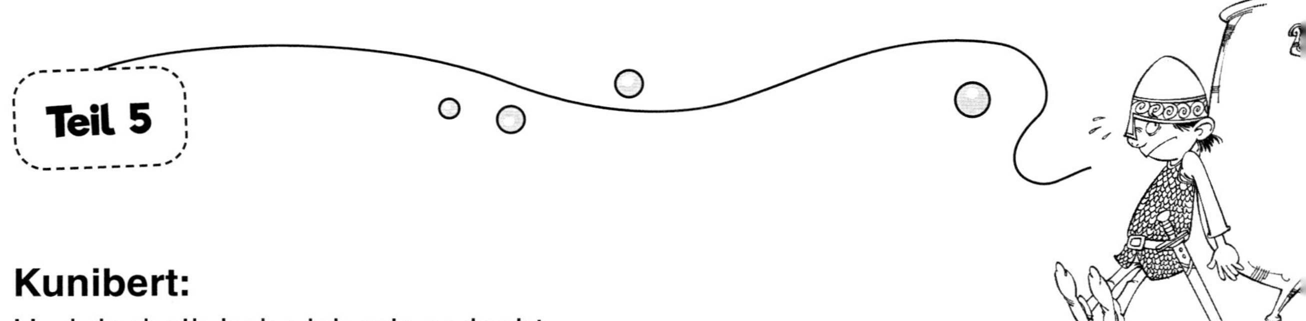

Teil 5

Kunibert:
Und deshalb habe ich mir gedacht,
du darfst nicht so werden wie ich.
Du solltest keine Angst vor Spinnen haben.
Du solltest vor nichts zittern.
Ich wollte,
dass niemand zu dir
Ritter Espenlaub sagt.

Bert:
Aber Papa,
ich habe ja gar keine Angst vor Spinnen.
Ich habe bloß Angst vor Schwertern,
Streitäxten und Beulen.
Ist das nicht ein Glück?

Erzähler:
Kunibert lächelte.
Dann nickte er zustimmend.
Schließlich fragte Bert zaghaft:

Bert:
Papa, muss ich wirklich
zu Onkel Hubert in die Lehre?

Erzähler:
Sein Vater schüttelte den Kopf.
Dann lächelte er nochmals
und versprach:

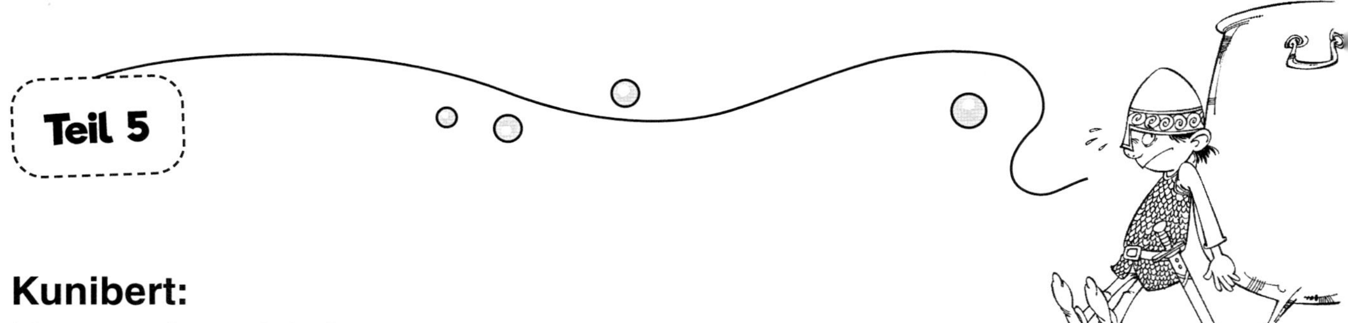

Kunibert:
Morgen reiten wir heim.
Wer weiß,
vielleicht finde ich in unserer Burg
einen kleinen Hammer.
Dann kannst du ausprobieren,
ob dir das Schmieden gefällt.
Oder ich finde einen kleinen Topf.
Dann kannst du versuchen,
etwas zu kochen.

Bert:
Das finde ich ganz toll.

Kunibert:
Nun, dann sind wir uns ja einig.

Erzähler:
Bert lächelte nun auch.
Dann kuschelte er sich
in die starken Arme seines Vaters
und schlief zufrieden ein.

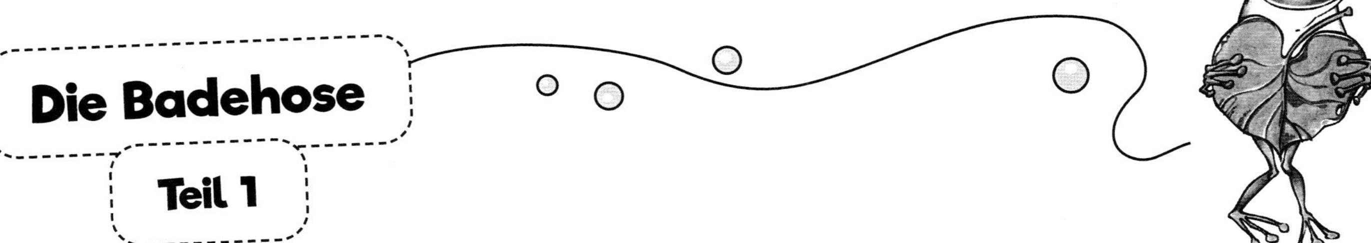

Die Badehose

Teil 1

Erzähler:
Hubert, der Frosch,
wischte sich die Stirn.

Hubert, der Frosch:
Himmel,
meine Stirn ist schon ganz trocken!
Ich muss bald Wasser finden!

Erzähler:
Es war ein sehr heißer Sommer.
Der kleine Teich,
in dem Hubert aus dem Ei geschlüpft war,
war nach und nach
unter der heißen Sonne ausgetrocknet!
Zum Glück war der Teich
erst dann vertrocknet,
als Hubert sich schon
in einen Frosch verwandelt hatte.
Entschlossen hüpfte er weiter
auf der Suche
nach einem neuen Gewässer.

Hubert, der Frosch:
Wasser!
Hier muss es irgendwo Wasser geben.
Es duftet ein wenig nach Seerosen …

Erzähler:
Hubert sprang mit neuem Mut weiter.
Der Seerosenduft wurde ganz stark.
Hubert erreichte das Ufer
eines wundervollen Sees
und stürzte sich kopfüber
in das rettende, kühle Nass!

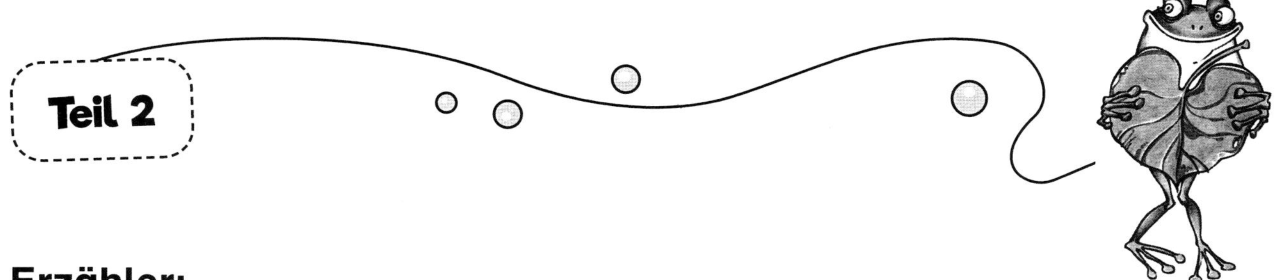

Teil 2

Erzähler:
Als Huberts empfindliche Froschhaut
nach und nach wieder
ganz weich geworden war,
ließ er sich glücklich
im Wasser treiben.
Plötzlich stupste Hubert etwas an!

Karpfin:
He!
Sie da!
Nacktbaden ist hier verboten!

Erzähler:
Hubert verschluckte sich fast vor Schreck,
drehte sich um
und spähte ins tiefe Wasser.

Hubert, der Frosch:
Wer hat mich gestupst?

Erzähler:
Eine dicke Karpfen-Frau schwamm
knapp unter der Wasseroberfläche
und wedelte hektisch mit den Flossen.
Hubert glotzte,
denn in seinem alten Teich
hatte es keine Fische gegeben.
Er war verblüfft.
Die Karpfin zog nämlich erschrocken
beide Flossen vor ihr Gesicht,
als der Frosch sich zu ihr umdrehte.
Hinter den Flossen
nuschelte der große Fisch:

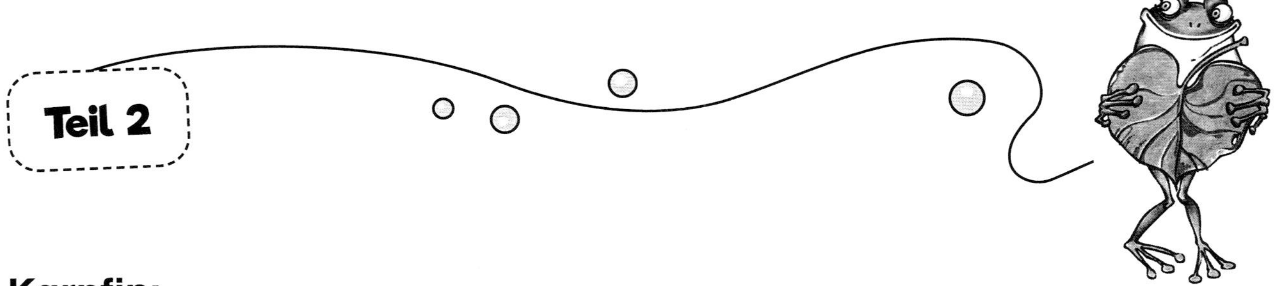

Karpfin:
Oh nein!
Eine Zumutung!
Sie sind ja pudelnackt,
Sie Grobian!
Wissen Sie etwa nicht,
was sich gehört?

Erzähler:
Hubert war verwirrt.
Und zwar sehr.
Er hatte niemanden erschrecken wollen.
Und „grob sein“ liegt Fröschen nicht.
Normalerweise sind sie einfach
zu weich dazu …
Deshalb sagte er:

Hubert, der Frosch:
Entschuldigung!
Was habe ich denn falsch gemacht?

Karpfin:
Sie baden nackt,
Sie Rüpel!
Und das ist hier verboten!

Teil 2

Erzähler:
Die Auskunft half Hubert nicht wirklich weiter.
Nacktbaden, das sagte ihm rein gar nichts.
Was meinte der Fisch wohl mit „nackt"?
Nun muss man wissen,
dass Frösche ihre Eltern nicht kennen,
weil die nach der Eiablage ihrer Wege gehen.
Kleine Kaulquappen und Frösche wachsen
ganz allein heran.
Wem soll man Fragen stellen,
wenn man keine Eltern hat,
die einem alles erklären?

Hubert der Frosch:
Ich bade – nackt?

Karpfin:
Das kann man wohl sagen!

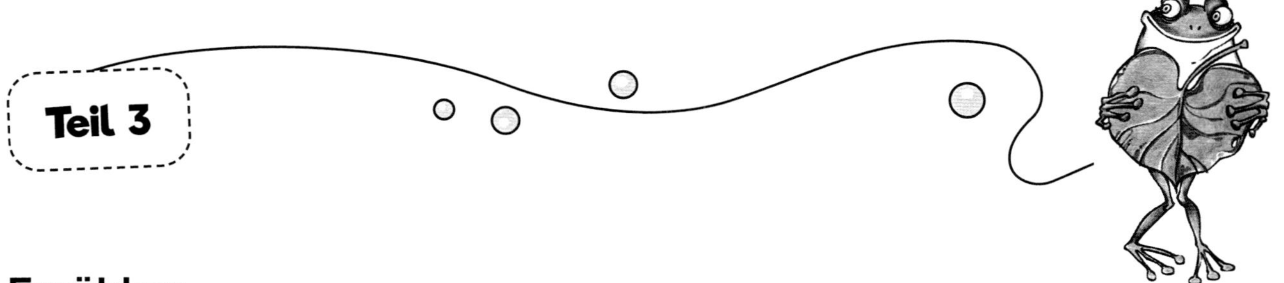

Erzähler:
Die Karpfin blinzelte zwischen ihren Flossen
zu Hubert hinüber und sah,
dass er immer noch nackt
direkt vor ihrer Nase
im Wasser paddelte.
Erschrocken zog sie die Flossen
wieder vor das Fischgesicht!

Karpfin:
Nackter kann man gar nicht sein!

Erzähler:
Hubert sah ratlos
an seinem Froschkörper hinunter.

Hubert, der Frosch:
Und *Sie* haben nicht nackt gebadet?

Karpfin:
Ich *bin* vor allem nicht nackt!
Ich trage ein ordentliches Schuppenkleid –
sogar mit Spiegelschuppen als Schmuck.

Erzähler:
Die Karpfin deutete mit einer Flosse kurz
auf die blanken Schuppen auf ihrem Rücken.
Aber als Hubert neugierig näher schwamm,
um einmal in die Spiegelschuppen zu schauen,
machte die Karpfin auf der Schwanzflosse kehrt.

Karpfin:
Eine Zumutung!

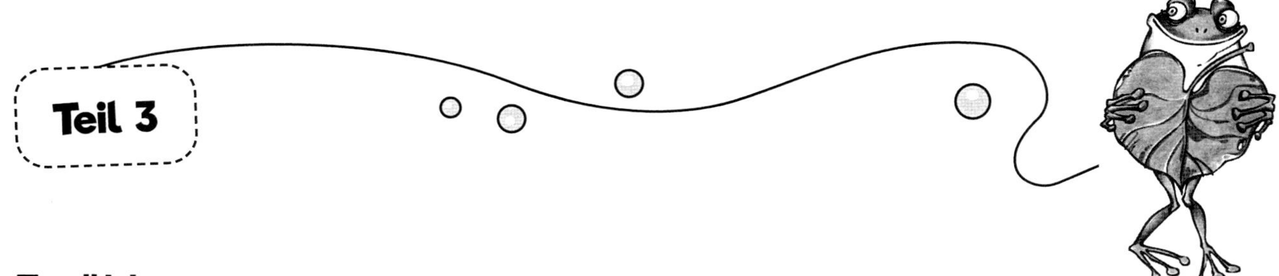

Teil 3

Erzähler:
Sie schoss ins tiefe Wasser davon,
wo sie bald im Dunkel verschwand.
Hubert blieb ratlos zurück.
Unglücklich runzelte er
seine kleine Froschstirn.

Hubert, der Frosch:
Das ist kein guter Anfang im neuen See.
Im alten Teich hatte ich viele Freunde
und alle waren immer nett.
Wir haben viel
über das Schwimmen gesprochen,
aber von „nackt baden“
hat niemand etwas gesagt.

Erzähler:
Hubert beschloss,
sich in seinem neuen Lebensraum
umzusehen.
Vielleicht fand er ja
durch Beobachten heraus,
was die Karpfin so aufgeregt hatte.
Er ruderte auf einen Schilfgürtel zu,
der viele gute Verstecke
zu bieten schien.

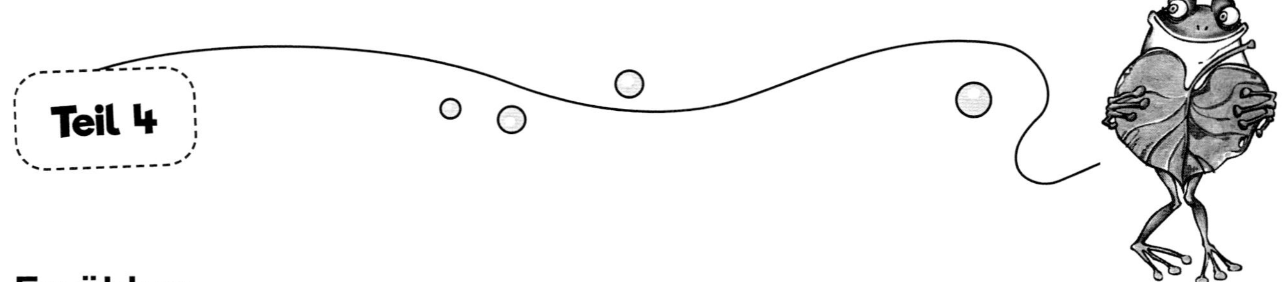

Teil 4

Erzähler:
Die Deckung war so gut,
dass Hubert glatt eine Gruppe Enten übersah,
die sich im Schilf verborgen hielt.
Fast stieß er mit ihnen zusammen.
Der ganze kleine Entenschwarm
schnatterte wild und aufgeregt drauflos,
als die Vögel Hubert bemerkten!
Bevor Hubert sich entschuldigen konnte,
schimpfte eine erwachsene Ente:

Ente:
Sagen Sie mal,
wissen Sie eigentlich nicht,
dass Nacktbaden hier im See
streng verboten ist?
Was sollen denn die Kinder denken?

Hubert, der Frosch:
Nicht schon wieder!

Erzähler:
Die Enten paddelten entrüstet davon.
So blieb dem Frosch nur übrig zu rufen:

Hubert, der Frosch:
Tut mir leid!
Aber warum bin ich eigentlich nackt
und Sie sind es nicht?

Ente:
Das ist doch wohl offensichtlich!
Ich trage ein Federkleid,
das meine Haut bedeckt.

Teil 4

Hubert, der Frosch:
Soso.
Endlich mal eine Auskunft,
die ein wenig weiterhilft:
Nacktsein hat also etwas damit zu tun,
ob die Haut bedeckt ist.

Erzähler:
Kritisch sah Hubert an sich herab:
Wundervolle Froschhaut überall –
braun, grün, schwarz.
Er konnte mit seiner Haut nicht nur fühlen,
sondern sogar atmen
und ein ganz klein wenig schmecken!
Hubert fand seine Haut schön!
Die Karpfin und die Ente aber waren
anderer Meinung.

Hubert, der Frosch:
Was soll ich nur machen?
Ein Frosch hat nun einmal
weder Schuppen noch Federn.
Aber so leicht
lasse ich mich nicht entmutigen.
Und schon gar nicht
will ich diesen
wundervollen See verlassen.

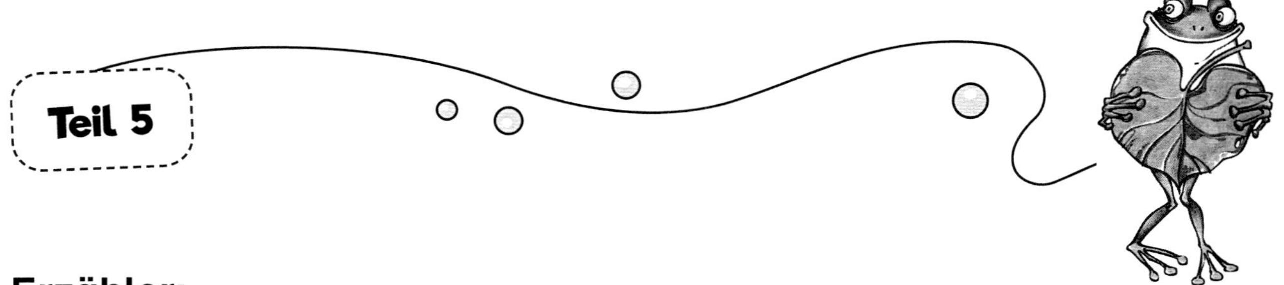

Erzähler:
Also schwamm Hubert weiter
zu einem herrlichen kleinen Uferstreifen.
Hier hüpfte Hubert an Land.

Hubert, der Frosch:
Hier kann ich wunderbar quaken
und die Sonne genießen.
Vielleicht kann ich auch die Erlebnisse
mit der Karpfin und den Enten vergessen.

Erzähler:
Während Hubert die Sonne genoss,
kam eine Maus aus dem nahen Wald herbeigehuscht.
Hubert lächelte ihr freundlich entgegen.
Aber die Maus eilte nur an ihm vorbei
und zischte unfreundlich:

Maus:
Lass dir bloß nicht einfallen,
hier nackt baden zu gehen!
Das ist streng verboten.
Anständige Tiere tragen einen Pelz,
so wie ich!

Erzähler:
Hubert war ratlos.
So sehr er auch suchte:

Hubert, der Frosch:
Auf meiner gesamten Haut
ist kein einziges Haar
zu entdecken!

Teil 5

Erzähler:
Mittlerweile fühlte Hubert sich
in seiner Froschhaut
alles andere als wohl.
Er war neu hier.
Er war jung und unerfahren
und noch ziemlich klein.

Hubert, der Frosch:
Ich will doch keinen Ärger haben
und keinen Ärger machen!
Vielleicht besteht ja das Problem darin,
dass ich keine Kaulquappe mehr bin?
Als Kaulquappe wusste ich immer,
dass sich alles ändert,
wenn ich mich in einen Frosch verwandele.
Vielleicht ist man erwachsen nackt,
auch wenn man es als Kind nicht ist?

Erzähler:
Er schwamm jetzt nur noch nachts!
Tagsüber verbarg sich der kleine Frosch
unter welken Blättern.
Niemand verbot ihm mehr das Baden im See –
im Dunkeln sah ihn ja auch niemand.

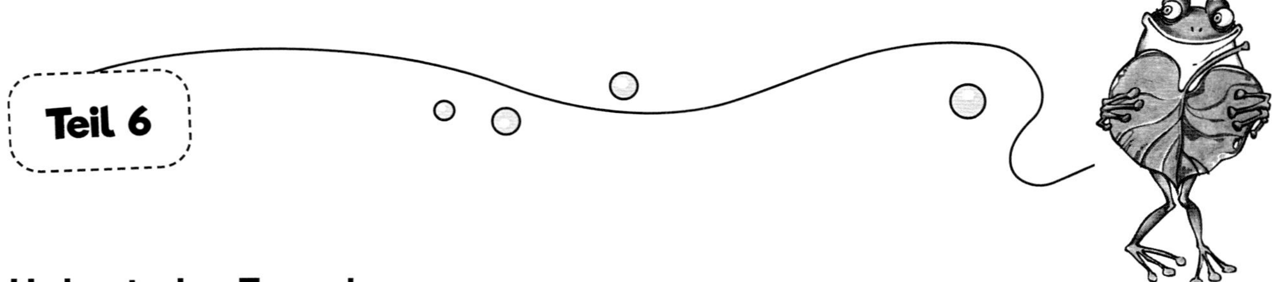

Hubert, der Frosch:
Oh, da kommen Menschen an den See,
eine ganze Familie.

Vater:
Hier ist es schön!
Lasst uns hier unseren Lagerplatz einrichten.

Mutter:
Was für eine Aussicht!
Kinder, gefällt es euch in dieser Bucht?

kleiner Junge und kleines Mädchen – gemeinsam:
Ja!
Uns gefällt der Platz auch.
Hier kann man bestimmt klasse baden!

Erzähler:
Gebannt starrte Hubert
zu den Menschen hinüber:
Die beiden Kinder waren
fast genauso nackt wie Hubert!
Die paar Haare auf dem Kopf
waren kaum der Rede wert!

Hubert, der Frosch:
Denen sagt niemand,
dass Nacktbaden hier verboten ist.

Erzähler:
Die Menschen blieben
ziemlich lange an dem See.
Hubert beobachtete sie.
Über eine Sache
grübelte er besonders nach:

Teil 6

Hubert, der Frosch:
Die Menschen haben
weder Schuppen noch Federn.
Nur ein paar Haare
haben sie auf dem Kopf.
Aber sie tun etwas gegen ihre Nacktheit.

kleiner Junge:
Mama?
Gib mir mal bitte die Badehose!
Ich gehe jetzt schwimmen.

Erzähler:
Und dann wurde ein buntes Ding
über die nackte Haut gezogen,
das fast aussah
wie ein besonders dünnes Fell …
oder ganz, ganz kurze Federn …
oder zusammengeklebte Schuppen.
Hubert hatte plötzlich
eine wundervolle Idee!

Hubert, der Frosch:
Ich brauche so ein Ding,
wie der Junge es da gerade anzieht.
Mit einer Badehose
wäre ich ja nicht mehr nackt.
Niemand dürfte mehr sagen:
„Nacktbaden verboten!“

Erzähler:
Eines der Kinder,
das Mädchen,
hatte zwei kleine Puppen dabei.
Als das Kind mit den Puppen
zum Wasser laufen wollte,
rief die Mutter:

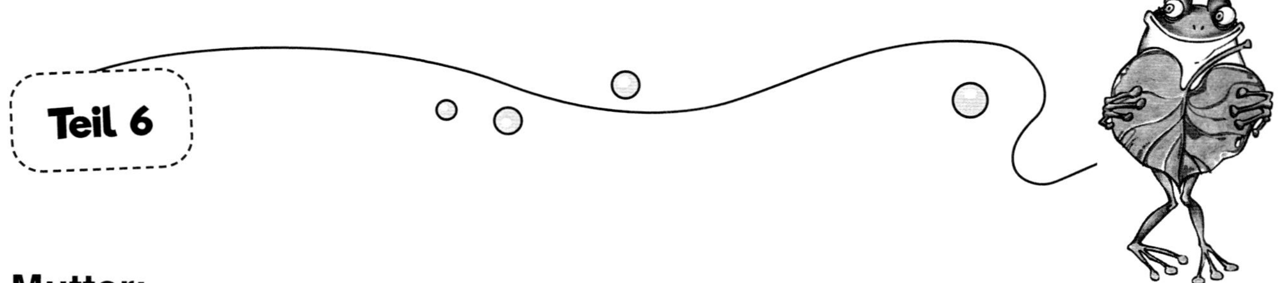

Mutter:
Zieh deine Puppen bitte aus,
bevor du mit ihnen ins Wasser gehst,
sonst werden die Puppenkleider nass!

kleines Mädchen:
Ja, Mama!

Erzähler:
Und mit klopfendem Herzen sah Hubert,
wie das Kind die Puppen auszog.
Die Kleider legte es auf ein Moospolster –
nur drei große Hüpfer
von Huberts Versteck entfernt.

Hubert, der Frosch:
Das ist *die* Gelegenheit!

Erzähler:
Als die Familie schließlich aufbrach,
fehlte eine kleine Puppenhose.

kleines Mädchen:
Mama, wo ist meine Puppenhose?
Ich weiß genau,
dass ich sie hierhin gelegt habe.
Jemand muss sie weggenommen haben.

Vater:
Wer sollte denn hier an diesem See
so eine Puppenhose stehlen wollen?

Erzähler:
Es wurde gesucht und gerätselt,
die Puppenhose blieb verschwunden.

Teil 7

Erzähler:

Bevor die Sonne unterging,
konnte man am Ufer eines wundervollen Sees
eine merkwürdige Szene sehen:

Hubert, der Frosch:

Oje, das ist aber nicht leicht,
meine langen Beine durch die Löcher zu stecken.
Aber so geht es und es sieht toll aus.
Jetzt bin ich eindeutig nicht mehr nackt.
Die Hose bedeckt meinen Po
und mein halbes linkes und rechtes Bein.
Beim Hopsen hindert sie mich ein bisschen,
aber schwimmen kann ich ganz wunderbar damit!

Erzähler:

Hubert begegnete
zuerst einem Schwarm Stichlinge.
Die glotzten bloß, aber keiner sagte etwas.
Zwei Graugänse grüßten ihn höflich.
Hubert begegnete auch den Enten.
Diesmal sagten sie nichts
von „Nacktbaden verboten".
Eine Ente bewunderte sogar seine Badehose.

Ente:

Was für schicke Streifen …
und so fröhliche Farben!
An so etwas
könnte ich mich auch gewöhnen.

Hubert:

Kein Tier hat mehr etwas dagegen,
wenn ich im Wasser schwimme.

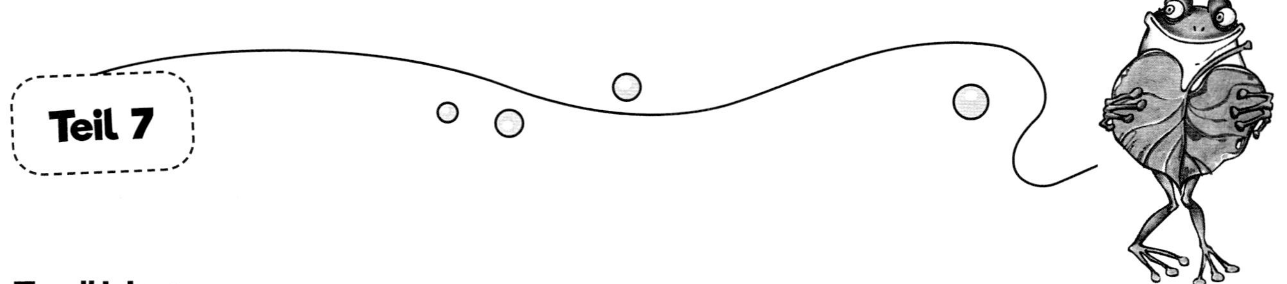

Erzähler:

Von diesem Tag an ging Hubert
immer mit Badehose schwimmen.
Nur, wenn der Frosch
allzu schwungvoll
von einem Seerosenblatt
ins Wasser sprang,
konnte es sein,
dass die Badehose rutschte.
Aber bevor irgendjemand rufen konnte:
„Nacktbaden verboten!“
zog Hubert stets die Badehose
mit einem Ruck wieder hoch.